청어詩人選 21

연애, 참 외로운 것

| 김덕천 두 번째 시집 |

청어

연애, 참 외로운 것

김덕천 지음

발행처 · 도서출판 **청어**
발행인 · 이영철
기　획 · 손영국 | 김홍순
영　업 · 이동호
편　집 · 김영신 | 김인현
디자인 · 오주연
인　쇄 · 두리터

등　록 · 1999년 5월 3일(제22-1541호)

1판 1쇄 인쇄 · 2007년 9월 10일
1판 1쇄 발행 · 2007년 9월 20일

주소 · 서울시 서초구 서초동 1588-1 신성빌딩 A동 412호
대표전화 · 586-0477
팩시밀리 · 586-0478

E-mail · ppi20@hanmail.net
ISBN · 978-89-92554-35-0　(03810)

연애, 참 외로운 것

•
•
•
•
•

| 시인의 말 |

두 번째 시집을 내면서

우리는 시라는 걸 쓰고 있지만
자연에 길들여진 한낱 광대에 불과하다

그저 이리 비틀고 저리 비틀어
닭 모가지 비틀듯이
비틀어 쥐어짜고 있을 뿐
비튼 모가지를 내동댕이치고
다시 죽어지는 삶의 시간을 비틀고 있다

살려야 한다
살려 놓아야만 한다

이 장마철에 쏟아지는
빗줄기에 서 있으면 저절로 씻겨질지도
그래
장대처럼 쏟아지는 빗속에
청승맞게 서 있으면 되겠지

버려야 한다
버려야만 살 수 있다
미련도 욕심도
그동안의 작은 미움도 모두 버려야 한다

그럼
후에 누군가 나를 발견하면
산이나 강
어느 한 귀퉁이에 흔적이라도 남아지겠지
자연 속의 한 광대로서…….

김덕천

c·o·n·t·e·n·t·s

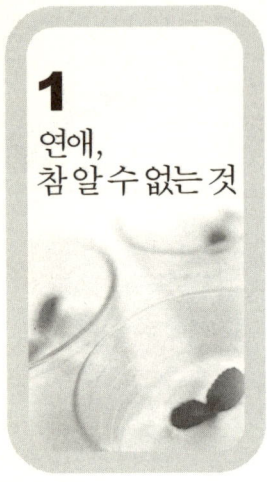

1
연애, 참 알 수 없는 것

연애, 참 외로운 것 · 11 | 연애, 참 예의 없는 것 · 12
연애, 참 눈치 없는 것 · 13 | 연애, 참 포근한 것 · 14
연애, 참 그리운 것 · 15 | 연애, 참 사랑스러운 것 · 16
연애, 참 아름다운 것 · 17 | 연애, 참 설레는 것 · 18
연애, 참 아름다운 만남 · 19 | 연애, 영원한 그리움 · 20
연애, 참 향기로운 빛 · 21

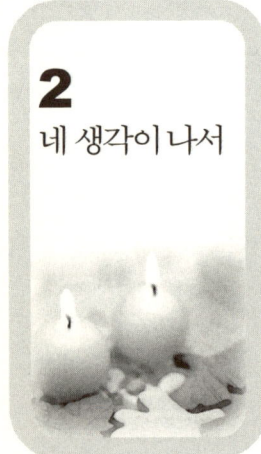

2
네 생각이 나서

사랑은 · 25 | 그리움 · 26 | 너에게로 가는 길 · 27
난 너에게 · 28 | 내 사랑아 · 29 | 소중한 너 · 30
날 찾아온 너에게 · 31 | 네 생각이 나서 · 32
눈물 젖은 꽃잎 · 33 | 하루만 더 일찍 만났더라면 · 34
아픈 자리에 · 36 | 지갑 · 37 | 눈물 지우개 · 38
미안해 · 39 | 발렌타인 데이 · 40 | 미완성 · 41
실수 · 42 | 눈물로 쓰는 시 · 44
봄나들이 · 45 | 그대 앞에 당당히 설 때까지 · 46
서쪽 하늘에 있는 너에게 · 48 | 새장 · 49 | 사랑과 실연 · 50

3 그 길로 가면

지게 · 53 | 유리 자전거 · 54 | 어디에 있는 거니 · 55
꼬마 지게꾼 1 · 56 | 꼬마 지게꾼 2 · 57 | 꼬마 지게꾼 3 · 58
잠들지 않은 섬 · 59 | 내 친구 · 60 | 추억 속 고향의 봄 · 62
빈터 · 63 | 밤손님 · 64 | 노란 주전자 · 66 | 나의 길 · 68
그 길로 가면 · 70 | 빈 지게 · 72 | 외로운 발자국 · 73
내 안으로의 여행 · 74 | 찢어진 벽지 틈 사이로 1 · 75
찢어진 벽지 틈 사이로 2 · 76 | 찢어진 벽지 틈 사이로 3 · 77
찢어진 벽지 틈 사이로 4 · 78 | 찢어진 벽지 틈 사이로 5 · 80
찢어진 벽지 틈 사이로 6 · 81 | 문틈 사이로 · 82
창문 틈 사이로 · 83 | 쪽 유리 사이로 · 84
바위틈 사이에 · 86

4 도시의 갈매기

도시의 갈매기 · 89 | 방 한 귀퉁이에 자리 잡은 풍경 · 90
벽에 걸린 거울 · 92 | 고맙습니다 · 94 | 폐선 1 · 96
폐선 2 · 98 | 그대에게 화해의 잔을 · 99 | 인생길 · 100
노각 · 101 | 노을은 서산으로 기울고 · 102 | 겨울딸기 · 106
내 우산의 눈물 · 108 | 출근길 · 110 | 하늘의 새들도 · 111
사랑은 파도처럼 · 112 | 첫 만남 · 114
날 혼자 내버려 두지 마 · 115 | 보고 싶어 · 116
선택 · 118 | 인생 · 119

 ▪ ▪ ▪ ▪ ▪ 연애, 참 외로운 것

1
연애, 참 알 수 없는 것

사랑을 한 아름 안고
별 따라 흐르는 강물은
소슬바람에
도란도란 꽃 피우며
그대 그윽한 향기
가벼운 입맞춤으로
나의 심장에 가둬 두어요

 ····· 연애, 참 외로운 것

연애, 참 외로운 것

새벽하늘 몇 개의 별이
집으로 가는 길을 잃어버렸는가
조각구름을 따라
어스름한 계곡
풀벌레의 잠을 깨우려 떠나는지
스멀스멀
나뭇잎 사이로 걸어가며
볼우물에 고여 있는 이슬을 두드린다

토막 난 빛줄기
옹달샘 터에 내려앉아
부딪치는 유리잔 안에 녹아내리면
목마른 가슴
고운 임의 마음을
미소로 살며시 열고 들어가
산꼭대기 별들을 가로막고 서서
주머니에서 어둠을 꺼내놓고
나는
오늘도 달콤한 어둠과
외로운 연애를 한다

연애, 참 예의 없는 것

고요를 시샘하는 빌딩 숲
흔들흔들 초점을 잃어
거리에 쏟아져 나온 불빛이 뒤엉켜
가슴에 부딪칠 때마다
언덕 넘어 고목이 휘어지고
삭정이에 걸린 댓바람은
새벽의 끄트머리를 잡고 몸부림 치고 있다

밤새 붉은 조명을 벗 삼아
혀 꼬부라지게 폭주를 하고
차가운 길바닥에 주저앉아서
먼발치에 떨어진 그림자를 주워 담아
주저리주저리
새벽이슬과 연애를 하며
거친 숨소리만 거리를 배회하고 있는 것들……

연애, 참 눈치 없는 것

퀴퀴한 뒷골목
한여름 내내
꾸벅꾸벅 졸고 있는
바지랑대 곁에 앉아서
허름한 쪽방의 뜨거운 열기로
뿜어져 나오는 사랑의 욕망에
단내가 나도록 풀어지는
어설픈 몸뚱이는 내동댕이쳐지고

목마른 개울가에 떨어진 낭만 한 조각은
옹달샘이 살고 있는 상수리나무 아래에서
꽃으로 피어나
어느 화가의 화이트보드 속에 자리 깔고 누워
도심의 빌딩 주인으로
산골짝의 깊은 바람을 들고 오는
옛 애인을 마중한다

연애, 참 포근한 것

깜빡깜빡
네온이 소리치면
먼지 속 구석진 작은 카페에
하얀 웃음이 리듬을 타고 흘러나오고

나풀거리는 단풍잎 하나
유리창을 소리 없이 두드리면
마주하는 이마에
헤즐럿 커피 향 가득한 찻잔
고운 사랑을 심어 놓으니
꼭, 잡은 두 손에
뜨거운 사랑이 흐르고

부러운 듯 바라보는
진열장의 붉은 와인 잔 속에
설레는 가슴을 풀어놓아
테이블을 마주하며 청춘과 나누는 연애
참, 부드럽고 포근하다

연애, 참 그리운 것

구겨진 가슴
하얀 파도가 울음 울면
편자를 신은 뒤꿈치는 갈 길을 잃어
그리움의 모퉁이에서
찬 이슬을 맞고 서 있네요

사랑에 걸려 넘어져
흙먼지를 뒤집어쓴 사슬은
피눈물을 에워내어
붉은 그림자 토해내면서
검은 굴뚝 속으로 걸어가고

푸른 계절 뒷자락에
사랑을 열망하는 그리움은
용광로에 온몸을 던져
뽀얀 사랑을 내뱉으며
따스한 찻잔 속에서
그리움으로 뒹굴고 있어요

연애, 참 사랑스러운 것

주안상 엮어놓고
굽은 나뭇결을 따라
촉촉한 가슴으로 올라가
밤하늘 유성들의 산란을 바라보며
작은 편지를 써요

사랑으로 일렁이는 마음
고운 사연으로 가득 채워서
종이배 곱게 접어
출렁이는 은하수 물결 위에
살며시 띄워 보내요

사랑을 한 아름 안고
별 따라 흐르는 강물은
소슬바람에 도란도란 꽃 피우며
그대 그윽한 향기
가벼운 입맞춤으로
나의 심장에 가둬 두어요

연애, 참 아름다운 것

새벽이슬의 빗장을 살며시 여니
낙엽 위를 걷는 바람이 예쁘게 맞이합니다

안개 위에 올라앉아 있는
*비조봉 팔각정 망루에선
가녀린 무지개가 곱게 피고

향긋한 입맞춤에
꿈에서 일어난 고운 임
그대의 향기를 가슴에 안아요

* 비조봉 : 덕적도의 산봉우리 명칭

연애, 참 설레는 것

가슴에 흐르는 별 하나
무지갯빛으로 감싼 젖은 향기
보일 듯 말 듯 수줍은 임의 모습이
고운 꽃으로 피어난 아름다운 자태에
삐걱거리는 내 심장에
사랑의 빛이 생겨난 것일까

이슬 내린 개울가 물살에
한 줄기 빛이 내려와 흔들리는 소리에
조용한 심장이 요동치고
짜릿한 전율에 감전되는 것처럼
가슴 설렌다

안개에 둘러싸인 고요한 호수
튀어 오르는 물수제비에 놀라
잔물결이 발끝으로 다가와 부딪쳐
나의 마음에 고운 파장이 되어오고
심장 끝으로 다가온 연애
참으로 가슴 설렌다

연애, 참 아름다운 만남

깡마른 가지가
휘파람을 부네
지난밤부터
흥겹게 휘파람을 부네
한 번도 멈추지 않고
가느다란 휘파람을 불고 있네

휘파람에 눈이 춤을 추네
아마, 내가 그대 마음에 들어갔나 봐

연애, 영원한 그리움

하얀 눈 내리는 밤
창문을 두드리는 너의 음성에
너무도 반가워
두 팔 벌려
너를 품에 안았지만
네 모습은 보이지 않고
눈물만 덩그러니 남아있으니……

아
내 심장은 아직도
너를 너무도 뜨겁게 사랑하는데
넌
너는
아직도
찬바람만 불고 있구나

연애, 참 향기로운 빛

살며시 돌아서는
가을을 옆에 끼고
파란 미소 하늘을 두르고
보일 듯 말 듯한 수줍은 너

곱고 아름다운 모습
무지갯빛 향기로 젖은
공간을 가득 채워진
사랑의 빛이로다

하나의 별
하나의 사랑
가슴에 새겨진
영원한 사랑이어라

 ˙ ˙ ˙ ˙ ˙ 연애, 참 외로운 것

2
네 생각이 나서

색이 바랜 벤치에 앉아
버들가지 입 맞추는
호수를 바라보니
너는
그리움을 깨워
사랑을 붙잡고
여기에 있었네
내 생각 속에

· · · · · 연애, 참 외로운 것

사랑은

여린 팔 뻗으면 닿을까
애어린 여자아이의 발걸음이 바쁘다
길도 없는 언덕배기를
총총, 잘도 올라간다

눈앞에 다가오는 꽃잎 하나
곱게 펴 손등에 올려놓으니
나비 한 마리 다소곳이 앉아
초롱초롱,
맑은 눈망울과 마주치니
아이는 살며시 눈을 감는다

사랑은 그렇게 조용히 다가온다

그리움

파도에 밀려 흘러가는
바위섬 하나
귓전에 스치는
뱃고동 소리 따라
파아란 생명은 숨을 고르는데

그대
소리 없는 눈물로
흩날리나요
그대 눈물이 내 눈을 가려
장님이 되었어요

하얀 파도는 속삭이는데
그리운 여정의 끝은 언제일는지
그대 사랑 가슴에 담아
한여름에 눈물 속에서

저편 능선
제너미를 그리며
그대 고운 눈물방울 맞으면서
한여름의 사랑에
그리움을 새기고 있어요

너에게로 가는 길

널 찾아가는 길
하늘과 바다
그 어디인들 못 가겠니
나에겐
너에게로 가는 등대가 있어

저물어 가는 가슴에
뜨거운 별빛을 삼키고
너에게로 가는 이 순간이
나에겐
견딜 수 없이 보고픈
그리움의 사랑이야

난 너에게

언제부터 거기에 있었니
가끔 흔들리는 바람을 붙잡고
폴짝폴짝
추억을 건너
내 눈 속으로 달려오는 모습
너의 고운 미소에
난 꼼짝할 수가 없어
너밖에 보이질 않아
난
너의 포로가 되었어
나를 데려가 줘

내 사랑아

뽀얀 안개가
하늘로 가는 문을 닫으니
별들이 내려와 내 곁에 앉아서
너와의 인연을
거침없는 소리로
어깨 위에 쌓아 놓는구나

고운 너의 모습을
두 팔로 포근히 감싸니
너의 속삭임은
내 맘 속에서 뒹굴고
나의 사랑은
네 가슴에서 자라고 있어

내가
네 마음속에서
꼼짝 못하고 녹았나봐
네 가슴에 비슷이 기대어
섬연한 너를 꼬옥 안아본다

소중한 너

누구나 비밀이 있듯이
너만 보면 가슴이 콩닥콩닥
수정보다 고운 너를
내 마음에 감추고 싶어

하늘엔 별이
땅에는 꽃이
호수엔 물이 소중하듯
내 가슴 깊이 채워진 꽃
나에겐 네가 소중해

나에겐 너뿐이야

날 찾아온 너에게

너의 그늘에서 벗어나려고
발버둥을 치지만
그러면 그럴수록
넌
더욱 가까이 다가와
내 그림자가
자꾸 커져만 가고 있어

사랑이란 게
처음부터 풍덩 빠져 버리는 건 줄만 알았어
이렇게
서서히 물드는 것인 줄 몰랐어

네 생각이 나서

어디에 있니
너의 발자국은 내 가슴에 있는데
네가 보이질 않아

따스한 커피잔을 감싸 안고
너의 체온을 느끼며
온종일 널 찾아 헤매고 있어

색이 바랜 벤치에 앉아
버들가지 입 맞추는 호수를 바라보니
너는
그리움을 깨워
사랑을 붙잡고
여기에 있었네

내 생각 속에……

눈물 젖은 꽃잎

바람에 기대서
보고픈 너를 기다리며
허공에 중얼중얼
너의 안부를 묻고 있어

들녘에 춤추는 나비 곁에서
마른 눈물만 떨어뜨리는 꽃잎이
어쩐지……
네 모습인 것 같아
널 불러 본다

바람에 쓸리는 꽃향기에
문설주가 닳도록 드나드는
그리움은 어김없이 왔는데
넌
어디쯤 오고 있니

난
맨발로
사립문 활짝 열어놓고
넌
기다리고 있는데……

하루만 더 일찍 만났더라면

그대
하루만
하루만 더 일찍 만났더라면
맛깔스런 된장찌개를
외로움의 눈물로
맛을 내지는 않았을 것을

그대
하루만
하루만 더 일찍 만났더라면
아픈 다리를 이끌고
소독약 냄새 자욱한 병원 문을
홀로 넘지는 않았을 것을

그대
하루만
하루만 더 일찍 만났더라면
침대 위 하얀 시트가
외로움의 눈물로
얼룩이 되지는 않았을 것을

그대
하루만
하루만 더 일찍 만났더라면
밤이슬이 내리는 어두운 길에
그리움을 안고서
홀로 서 있지는 않았을 것을

아픈 자리에

네가 앉아있던 긴 자리
때 묻은 모퉁이엔
지친 나뭇잎이 머물고
너의 온기가 묻어있던 자리엔
사랑 이야기로 하얗게 덮였네

포근한 꿈속 여행 안으로
소르르 내려오는 꽃송이가
너의 고운 향기로
내 눈을 취하게 하는구나

이렇게 추운 날이면
한쪽 하늘을 바라보고 있을
네가 무척 보고 싶어

달려갈게
그리운 너를 만나러
정지되었던 내 심장에
예쁘게 꽃단장을 하고
너에게로 뛰어갈게

지갑

오랜 손때가 묻어있는
나의 지갑 속에는
많은 것이 눈에 들어오는구나

각종 증명서와 카드
한쪽엔 지폐도 있어
언제든지 꺼낼 수가 있는데

이럴 땐
지갑이 너였음 좋겠어
내 뜨거운 심장이
너의 아픔을 꺼낼 수 있게

눈물 지우개

어디로 가려 하니
얼마나 가야 하니
뜨거운 가슴은 남아 있는데
네가 점점 멀어져
나에게서 지워지려 하고 있어

꾸불꾸불
보이지 않는 너를 찾으러 가는 길에
너울에 걸려 자꾸만 넘어지는 내 그림자
모난 바위에 부딪혀
가슴살이 찢어지고 있어

발끝에 어둠이 올라오고
땅거미가 삼켜버려
나
지워지기 전에

네 눈
네 마음
네 사랑 속에서
하얗게 태울래
눈물의 상처를……

미안해

네가 건넜던 징검다리가
기다림의 눈물로 채워져
물그림자를 그리며
눈물강이 되었구나

많이 아팠니?
미안해
이젠 기다리게 하지 않을게

이제 같이 건너가자
내 눈물이 마르기 전에……

발렌타인 데이

손꼽아
네가 오기를
일 년의 시간을 기다렸어

너의
달콤한 사랑
부드러운 매력에
난 이미 취해 버렸는걸

너의
향긋한 입술
짜릿한 사랑으로
오늘을 뜨겁게 태울 거야

미완성

눈부신 햇살에
싱그런 아침
풀잎에 맺힌 이슬이
갈색 탁자 위에 앉아서
물끄러미 나를 바라보는 게
네가 온 것 같아
새끼손가락으로
너의 모습을 그려본다

반짝이는 눈
오뚝한 코
앵두 같은 입술
곱게 빗어 넘긴 머리
눈가에 흐르는 눈물까지 그렸건만
아직도
그리지 못한 네 마음
빈자리 하나 남겨 두었어
네가 와서 채워줘

실수

언제나
내 곁에서 지켜주었던 널
무관심으로 대해 주었던 나
지금 와서 생각하니
돌이킬 수 없는 실수였어

언제나
내 곁에 있어줄 것만 같았던 너
너 떠나보내고 나니
텅 빈 너의 자리는
외롭기가 한겨울 삭풍 몰아치는 것 같구나

네가 아파 누웠던 자리
맨손으로 더듬어 보니
온기마저 사라지고
널 그리는 내 마음
잘해주지 못한 그때가
지금에 와서 생각하면 할수록
나의 착각
나의 실수였어

다시 널 만나면
가슴 아픈 실수를
두 번 다시는 하지 않을 거야

사랑해……

눈물로 쓰는 시

꿈속에서
널 찾아 헤매다가
잠에서 깨어나
저미는 가슴 달래가며
아무도 없는
희미한 탁자 위에 떨어진 눈물방울을
손가락으로 꾹꾹 눌러서
널 위한 시를 쓰고 있어

썼다가 지우고
또 다시 쓰기를 몇 번
날이 새고
까맣게 타버린 가슴에
세상이 울어 멍이 들어도
난
널 기다리면서
투명한 유리 위의 뜨거운 눈물로
못다 쓴 시를 쓰고 있을 거야

봄나들이

간간이 나뭇잎 사이를 열어
더듬이 같은 여우볕에
목련 산수유 달래 냉이가
유혹의 손길을 뻗치면
많은 사람은
봄의 화사함을 보려고
나들이를 가지만……

난
네가 보고 싶어
네 마음의 화원으로 갈 거야

그대 앞에 당당히 설 때까지

슬퍼하지 마세요
울지도 마세요
눈물은 흘려도 좋아요
그대 눈물
그 눈물은 내가 간직할 테니까요

그대 고운 눈물
맑은 향로에 곱게 모아서
그대 모습이 멀어지려 할 때
여울진 가슴을 열어
그대 곁에서 볼 것이니까요

가느다란 입술
말없이 떨어지던 날
붉은 노을은 가슴을 뚫고 들어와
심장을 찌르고 앉아서
눈물샘을 자극하네요

기다려요
그대 멀리 가지는 마세요
소주잔에 시름을 따라놓고
하얀 파도가 가슴을 후려치면
그대 앞으로 갈 테니까요

조금만 기다려요
노을이 잠들기 전
그대 앞에 당당히 설 테니까요

서쪽 하늘에 있는 너에게

이렇게 눈 오는 날엔
바람을 따라간
네가 올까 두려워……

너는 내가 보고파
살며시 눈을 안고 오지만
이 눈이 녹으면
내 마음속에서
네가 지워질까 두려워……

새장

살랑살랑
하늬바람 스며드는 갯바위에서
허리 굽은 낚싯바늘을 묶다보니
네 생각이 나

가냘프기가 애처로워
실바람에도 날아갈까
두 뺨 위에는
뜨거운 눈물만 흐르고 있어

허리 굽은 네가 아파하고
그 아픔에 또 내가 아파서
서러움에 눈물만
뚝뚝 흘리다가
네 허리를 감싸고
널 품에 안은 채 잠이 들었어

이젠
너를……
거친 바다가 아닌
내 심장에 가둘래

사랑과 실연

덤프차가 진흙 구덩이에서
꼼짝을 못하고 있다
아니
바퀴가 빠져서 나오지를 못하고
자꾸만 진흙 수렁 속으로
더 깊이 빠져 들어가고 있다

사랑을 향해 질주를 하고 나니
콩깍지가 씌워져 길을 못 찾아
그 사랑에 푹 빠져 허우적대고
사랑이 너무 깊어
혼자 힘으론 빠져나오지 못해
보고 있으려니 애처롭네

중장비를 동원하여
겨우 꺼내 놓았더니
진흙더미에 범벅이 되어
예전의 모습은 온데간데없고
그 몰골이 처참하구나

사랑의 늪에 빠진 줄 알았더니
실연의 늪에서 허덕이고 있었네

3
그 길로 가면

해 걸음으로
낮달이
비스듬히 기울어
머리를 내리누르면
비닐 지붕에선
하얗게 안개꽃이 피어
외로운 가슴을
짓누른다

・・・・・ 연애, 참 외로운 것

지게

아픔을 안고 강을 건너는
네 모습이 너무 힘들어 보여

너의
아픔,
슬픔,
눈물, 내가 모두 짊어질게
내 등에 업혀
자, 어부바하렴

너를 업은 내 몸이 가벼워졌어
너의 사랑이 나에게 힘을 주었나 봐
고마워
난
널 위한
사랑의 지게야

유리 자전거

가끔
두 마리의 나비가
꽃 한 송이를 두고
밥그릇 싸움이 치열한
한적한 서해의 작은 섬 오후

삶의 숲에선
허리춤까지 차오르는
녹색의 생명을 붙잡고
너만을 위한 아름다운 노래가
휘파람에 장단 맞추어
푸른 하늘 흰 구름을 향해 달려가고

햇살이 웃는 유리창엔
바다가 살며시 들어와
섬세한 물결이 출렁이고
부드러운 파도는
나의 긴 잠을 깨워
잠든 너에게로 가는 길을 재촉하네

어디에 있는 거니

거울을 들이대고
너는 어디에 있는 거니
물어도 대답이 없고
늘 내 가슴을 점령하는 그리움

나도 모르게
당신과의 추억을 꺼내고
당신 몰래 기억들을 하나씩 지우며
막 잠이 들려고 하는데
폭우가 쏟아지네

이렇게 어두운 밤
무섭게 쏟아지는 빗줄기는
아마도
널 보고픈 그리움이 폭풍우가 되어
창문을 두드리고 있는가봐

이렇게 힘들고 지칠 땐
언제나 기댈 수 있는
듬직한 네 어깨가 생각이 나
어느 하늘 아래에 기대고 있는지
대답해 주렴

꼬마 지게꾼 1

잠에서 일어나지도 않은 언덕
새벽안개가 가느다란 삘기 풀잎에 매달려
몸부림치는 울퉁불퉁한 고갯길에
제 몸보다도 큰 지게에
집채만 한 땔감을 짊어지고
가느다란 작대기에 온 힘을 주어 버티고 서서
하얀 입김을 거칠게 토해내고 있다

땅거미는 *망재를 넘고
항아리가 올라앉은 굴뚝에
하얀 꽃이 몽실몽실 피어나면
땀방울 훔칠 시간도 없이 바쁘게
바짓단으로 이슬을 훑으며
삶의 업보를 가득 짊어진 채
집으로 향하는 발걸음이 거칠다

학교에 늦으면 선생님한테 혼날 테니……

* 망재 : 덕적도 진리에서 서포리 넘어가는 고개

꼬마 지게꾼 2

겨울방학

지게에 도끼 한 자루 얹고
길이라고는 눈을 씻고 찾아도 없는
깊은 산 속으로 들어간다

눈에 띄기 좋은 자리에 지게를 내려놓고
누룽지 한입을 베어 물어 허기를 달래며
나뭇가지 사이로 보이는 하늘을 향해
긴 한숨을 토해낸다

등걸을 찾아 산속을 헤집고 다니면
추위는 이미 도끼와 함께 땀으로 범벅이 되어
설움과 삶의 무게를 찍어내고 있다

등걸 한 짐을 가득 짊어진 지게가
빈 지게보다 가볍다

꼬마 지게꾼 3

햇살 바른 무덤가에
등에 짊어졌던 무게를 내려놓고
바람 곁에 누워서 흰 구름을 부르며
요람의 언덕을 흔들고 있다

집에서 나올 땐
빈 지게였지만
들어갈 때에는 무엇이든지
지게에 한가득 채워 들어가자

어르신들의 말씀 한 됫박
거리에서 나뒹구는 단어 한 줌
글자 한 알갱이라도
하물며,
지나가는 똥개 짖는 소리라도 주워서
지게에 올려 짊어지고 들어가자

잠들지 않은 섬

꿈틀꿈틀
작은 바위틈으로 거친 생명이
소란스럽게 뛰어다니고
겨울 달빛이 파도 위에서 춤을 추면
바닷가로 달려 나오는 별들의 축전
파도 끝에서 *인(燐)들과 어우러져 반짝인다

밤새 부둣가 너울 속에서
사랑을 속삭인 고깃배들이
소란스럽게 길을 떠난 자리에
하얀 물결이 그리움의 상처를 보듬어주고
갈매기들이 흥겹게 춤을 추며 뒤따르니
한 폭의 수채화를 그리는
바다 위에 떠 있는 잠들지 않은 섬

밤새 고깃배와 사랑을 나누었던 말뚝은
긴긴 사랑에 피곤하였는지
아침 해를 맞으며 부두 위에 누워있고
작은 물새 한 마리 다가와
그림자를 길게 보태고 있다

* 인(燐) : 밤에 바닷가에서 파도가 일렁이면 플랑크톤이 파랗게
또는 하얗게 빛을 내는 것. 낮에는 보이지 않음

내 친구

파란 하늘에 별이 피고
그 별을 따라 서쪽으로 가면
때 묻지 않은 내 친구
작은 섬 하나가 있어요

발끝에선 파도가 속삭이고
작은 바위엔
임 소식을 싣고 온 바람이 머무르고
마른 가지에선 거미가 그네를 타는
작은 섬
잠들지 않은 내 친구가 있어요

인간의 발길을 거부하는 벼랑 끝엔
낭새 한 쌍이 부산스러운 곳
넘실대는 파도의 너울을 베고
잠을 자는 내 친구
작은 섬

밀물이 밀고 와도
썰물이 안고 가도
고깃배의 풍랑을 막아주며

언제나 그리움의 한복판
청정 바다에서 숨 쉬고 있는
내 친구

오늘도
서쪽 하늘 아래엔
잠들지 않은 내 친구
작은 섬 하나 있어요

추억 속 고향의 봄

땅거미가 부스스 일어나
고요의 아침을 깨우면
홑바람 곁에 누워서
지난밤의 기억들을 쏟아내고
몸에서 빠져나온 어지러운 기억의 그림자 속에서는
돌부처처럼 옴짝달싹하지 못한 사랑 하나가
도랑물에서 허우적거리며
발버둥을 치고 있다

작은 햇빛 속의 은빛 송사리
물 아래 흔들리는 나뭇가지를 붙잡은 게
오랜 시간 외로움을 던져 버리고픈 마음
내 몸속에서 사랑을 갈구하는 외침일까
귓가에 맴도는 꿀벌과 함께
싸리꽃 향기에 몸을 맡기고
누렇게 익어가는 보리밭에 둥지를 튼
종다리의 울음을 안고
먼 추억 속으로 뛰어간다

빈터

퇴청 마루 끝에 걸터앉아
세월을 세는 지금
뜰 앞에 사뿐히 내려앉은 하얀 눈으로
마법에 걸려 있나 보다

교회 앞마당
강아지를 따라간 발자국들 사이로 뛰어다니는
까치의 재롱에 넋을 빼앗기고
빈 웃음을 짓는구나

문풍지를 호되게 야단치고
낡은 전깃줄에 잘려나가는 바람이
목이 터져라 애타게 울며
벽지(僻地)로 떠나간 임을 부르는 빈 가슴엔
듬성듬성 고드름이 열린다

밤손님

곱던 밤하늘이
누더기를 걸치고
어깨를 누르고 앉아서
지나가는 바람을 붙잡고
갖은 교태로 칭얼대고 꼬리치며
꼬장속곳 보일 듯 말 듯한
숨결 같은 허벅지 위에 올려놓고
온갖 언어와 방술로 꼬드긴다

유리창 건너편에 쓸쓸히 지나가는 주정꾼이
음흉한 눈빛으로 고래고래 소리를 지르면
뒤따라오던 발자국이 휘청거리고
허공을 향해 발길질하면
퀴퀴한 냄새가 가득 밴 구두는
삶에 지쳤는가
선술집 지붕 위에 올라앉아
조금 전 자신의 주인을
가증스런 모습으로 바라본다

한쪽 구두를 잃은 사내
유리창 너머의 화려한 불빛을 뒤로하고
절뚝절뚝
어둠을 향해 가고 있다

노란 주전자

반짝이는 노란 주전자

칭얼대는
갓난아이의 꼬물거리는 입술에
살며시 입 맞추어 잠을 재우고
바람난 똥개처럼
새참을 이고 가는
새색시 연분홍 치맛자락을 붙잡고
흔들거리며 뒤따라간다

거친 숨을 몰아쉬며
흐르는 땀방울 한번 뒤척이는
갈증을 추켜올린 농부를 달래고
황금빛 들녘에 앉아
풍년을 바라보고 있으려니
목마른 참새 한 마리
날아와 인사를 하니 반가움에
가슴을 내어준다

바다로 간 주전자는
낙지 몇 마리 도마 위에 쏟아 붓고

주둥이 속에서 버둥거리는
늘어진 발과 씨름을 하는데

술에 취해 비틀거리는
상처 난 노란 주전자는
이리저리 뒹굴면서
제집이 어디인지
오늘도
양조장 문지방이 닳도록 넘나든다

색 바랜 노란 주전자
이젠 가진 것이 하나도 없다

채워졌던 모든 것 내어주고
조용히
서까래 한쪽 구석에 매달려
소쩍새 빈 울음으로
거친 숨소리를 달래며
황혼의 주름진 먼지만 세고 있다

나의 길

황금 들판에
가지런한 길이 생겨났다
콤바인이 거칠게 지나간 자리에
곱게 뻗은 길이 선명하고
그 사이엔 작은 길들이 조용히 누워
적요한 노을을 불러들이고
성큼성큼 어둠을 쫓아간다

흰 수염에 곰방대 앞세우고
도포 자락 날리면서
땀방울 내리며 걸어가는
나의 발걸음이
채,
그림자를 따라잡지 못하니

길을 잃었다
밤사이에 수척해진 심신에
수염이 석 자나 자라서
숲이 우거지고 길이 사라져
낡아빠진 짚신이
돌부리에 걸려 넘어지고 있다

새 신으로 갈아 신고
길을 나서야겠다
발에 맞는 편한 신을 신고
어디엔가 머무르고 있을
꿈을 향해 행복을 위하여
한 발 한 발 내딛어야겠다

그 길로 가면

땅거미가 노닐고
작은 돌멩이들이
재잘거리는 산길을 따라
한참을 걸어서 가면
언덕배기 한쪽엔
얼기설기 엉성하게 엮어진
작은 비닐 움막 하나가
덩그러니 놓여있다

해 걸음으로
낮달이 비스듬히 기울어
머리를 내리누르면
비닐 지붕에선
하얗게 안개꽃이 피어
외로운 가슴을 짓누른다

움막 가장자리에
홀로 핀 제비꽃
오늘은
어떤 나비가 찾아올까

주인 없는 움막 앞엔
해 그림자가 길게 누워있다

빈 지게

하얀 성애가 서걱거리며
거친 숨을 쉬는 공판장
손가락 외침이 바쁘다

빈 허리에 매달린 바람은
숨을 곳을 찾아다니고
기웃거리는 하얀 입김이
커피잔으로 녹아드니
소매 끝에서 움츠리던 어둠이
그림자를 남긴 채 골목으로 달려간다

반으로 동강난 드럼통 안에서
삶의 불꽃이 하나하나씩
지게꾼의 허리춤으로 달려 나오니
해 그림자가 오기 전에 가야겠다
뚝배기 안에서 부르는
구수한 된장찌개 속으로……

외로운 발자국

삐걱삐걱
작은 뗏목이 비틀거리며
만선의 꿈을 안고
바다로 나가고 있다

뜨거운 하늘 아래
험난한 물살을 가르며
*어르끔 미루나무를 좌표 삼아
망망대해에 수채화를 그려놓고
꼬리를 뒤뚱거리며
외로움 한복판에 멈추어
그리움의 낚시를 한다

주인 떠난 백사장엔
백구 혼자서
갈매기와 술래잡기를 하고
그리움의 발자국이 새겨진 섬 한 귀퉁이에
오늘도
외로움을 한 움큼 내려놓는다

* 어르끔 : 덕적도 내의 작은 마을의 명칭(모래가 곱다)

내 안으로의 여행

푸릇한 계곡 곁으로
한 겹 두 겹 쌓이는 물안개 무지개를 내뿜으며
낯선 황홀경에 빠져드는 나를 멈추게 하는데

어느새
소매 끝에서 떨어지는 물방울이
짭조름한 것이 기쁨만이 아니었던 것이다

뽀송뽀송한 이끼가 자리한 바위들 사이에
바짓가랑이 걷어 올려
오염되지 않은 개울물에
내 얼굴이 비치는지
물 아래에 나뭇가지를 흔들어
헝클어진 가슴으로 풀어보려 한다

가 보자
갈피 속에 끼워둔 책장 속
먼지가 수북이 쌓여 있는 아련한 기억 속으로……

찢어진 벽지 틈 사이로 1

코끝이 시리다
이불을 푹 뒤집어쓰고 움츠리니
냉기가 조금은 덜하다

아들의 그 모습이 안타까운지
어두운 밤
아직 별들이 집을 찾지도 않은 밤에
어머닌 더듬더듬 아궁이를 찾아가신다

아궁이 앞은 추울 텐데
밤바람이 매서울 텐데
그런데 나는 이불을 푹 뒤집어쓰고
꼼짝도 하기 싫다

벽지 무늬가 뒤틀려있다

찢어진 벽지 틈 사이로 2

꿈틀꿈틀
이른 아침에 손님이 부스럭댄다
문을 열어주지 않자
벽을 뚫고 들어오는 것이다

밤새 사랑에 취해
선잠 자느라고 뒤척였는데
조금만 더
조금만 더 사랑을 붙잡고 취하고 싶은데
이 내 맘 사정을 알아주면 좋을 텐데
손님의 질투는 더욱더 심해지면서
아랑곳하지 않고
벽 틈을 비집고 들어와
온 방 안을 휘젓고 다닌다

아침 햇살에 커튼이 기지개를 켠다

찢어진 벽지 틈 사이로 3

아침 일찍부터 소란스럽다
아직 눈도 뜨지 않았는데
문밖의 부산스런 게
도저히 궁금해 참지를 못하겠다

잠에서 일어나 보니
밖이 시끄러웠던 게 아니었다
방 안이 부산스러운 거였다

까치발하고야 겨우 손닿는 곳에
찢어진 벽지 사이로
바깥 풍경들이 주인의 허락도 없이 들어와
나를 깨우는 것이다

벽지 틈 사이로 하늘이 빼죽이 열린다

찢어진 벽지 틈 사이로 4

밤새 추위와 씨름을 하고 나니
일어날 기운조차 남아 있지를 않아
자꾸만 이불 속으로만 파고든다

―얘야
얼른 일어나 *밧지름 재에 가서
흙 좀 파오너라

할머니의 잠 깨우는 소리에
마지못해 일어나
검정 고무신 질질 끌고
붉은 진흙을 한 대야 갖고 오니
할머니는
가을에 추수하고 남은 볏짚으로
진흙과 비벼서
지난밤 바람이 들어온 벽 틈을
조심스레 쓰다듬어 주니까
바람이 멈추었다

이젠
너의 아픈 가슴을
내 손으로 따뜻하게 쓰다듬어
감싸주련다

* 밧지름 : 덕적도 해수욕장 지역의 명칭

찢어진 벽지 틈 사이로 5

아직도 꿈속에서 헤매고 있는데
계절은 수없이 들락거려
많은 추억이 먼지처럼 수북이 쌓여
마음 한구석이 찌들어지고
속절없는 그리움의 탑이 쌓인다

눈물을 삼키는 가슴은 애련하고
눈물을 토하는 심장은 아픔을 호소하고
기억에서 멀어지는 사랑은
마당에 내려앉은 멧새의 발목을 붙잡고
멀리멀리 떠나고 있다

늦은 오후
벽지 틈 사이로 쏟아지는 햇살이
하얀 먼지를 뒤적인다

찢어진 벽지 틈 사이로 6

하늘과 키 재기를 하면서
그 끝의 상단 점을 모르고
한없이 오르는 빌딩 숲 아래에
검은 흑마 몇몇이
허연 배를 까뒤집고 두드리는 사이

까맣게 숯덩어리가 된 서민의 가슴이
하얀 연기로 허공에 뿌려지고
갈라진 안방 벽 틈 사이에는
허탈한 긴 한숨만 남겨져
지워지지 않는 그림자만 길게 눕고

비가 오는지
찢어진 벽지 틈 사이로는
술에 취한 얼룩이 비틀비틀 걸어나온다

문틈 사이로

잠에 취한 눈을 뜨기도 전에
바다 건너 하얀 햇빛이
문틈 사이를 비집고 들어와
이불에서 삐죽이 나온 발끝에 머물러
발가락 사이에서 간지럼을 태운다

밤새 눈을 누르고 있던
무거운 바윗돌을 걷어내니
성질 급한 녀석이
벽에 걸린 달력에서
숫자 하나를 넘겨낸다

아침을 들고 온 바람이 신선하다

창문 틈 사이로

나른한 오후
창문 사이로 바깥 풍경을 보니
햇빛 한 가닥이 사립문을 붙들고
그림자놀이를 한다

밀면 짧아지고
당기면 길어진다

너와 나의 사랑도
밀면 잊혀지고
당기면 가슴 깊이 자리하듯이

오늘은
너를
내 품 안으로 힘껏 당기련다

쪽 유리 사이로

옛날 고향집 방문에는
창호지를 작게 오려내고
그 공간에 작은 유리를 붙여놓았다

초승달이 서산에 걸리면
등잔불이 어둠을 흔들어
창호지 문을 통해 무언극이 연출되고
관객들은 마당으로 모여든다

어둠 속 연극이 끝나고
문밖의 풍경이 비쳐지면
관객과 연출자가 바뀌어
방 안에서는 작은 유리를 통해
바깥의 동정을 살피며 아침을 반긴다

인기척이 나면
방 안에서는 작은 유리로
누구인지 확인을 하지만
밖에서는 그 유리를 통해
절대 방 안을 들여다보지 않는다

우리는 관객인 동시에
연출자이지만
분명한 선이 존재한다

바위틈 사이에

이른 새벽
이슬이 모여 사는
숲속 웅덩이를 지나다가
수정이라도 뛰어나올 듯한 물속을
가만히 내려다보고 있자니
작은 바위틈에는
작은 물고기가 살고
큰 바위틈 사이엔
큰 물고기가 살고 있다

웅덩이 속으로 손을 집어넣으니
소스라치게 놀란 물고기들이
눈 깜짝할 사이에 바위틈 사이로
몸을 숨기고 가쁜 숨을 몰아쉰다

더이상 머무를 수 없는 다섯 손가락
조용히 꺼내어 주머니에 찔러 넣고
나뭇잎 사이로 도망가는
새벽 땅거미를 밟고 서서
내가 쉬어야 할 곳을 고르고 있다

4
도시의 갈매기

그립다
작은 손길이 그립고
울부짖음이 그립고
하늘로 부서져 오르는
웃음소리가 그립다

· · · · · 연애, 참 외로운 것

도시의 갈매기

기억이 어디에 있는지
나의 빈자리는 어디까지 가야 하는지

그립다
작은 손길이 그립고
울부짖음이 그립고
하늘로 부서져 오르는 웃음소리가 그립다

언덕배기에 앉아
나팔꽃 잎의 결 나누며
나이를 세는
고사리손이 그립다

네가 커서 여행을 떠날 때엔
그 옛날 내가 이곳을 지나갔다는 걸 기억해다오

방 한 귀퉁이에 자리 잡은 풍경

한 해의 시작
색동옷 곱게 여미어
예쁘게 절을 하고
눈사람 만들면서
팽이 치고 썰매를 타며
해맑게 뛰노는 아이들 모습

봄이 오는 길목에선
고드름이 녹아
물레방아가 소리 없이 움직이고
노란 개나리와 유채
붉은 진달래 곱게 물드는 사이
봄꽃놀이의 행락객 속에선
나비가 꽃잎을 따 먹는다

뜨거운 한여름
푸른 바다 사이로
하얀 파도는 백사장을 덮치고
햇살 아래 넓은 챙모자에 검은 선글라스
형형색색 비키니의 늘씬한 몸매 여인들 모습

풍성한 가을엔
휘영청 둥근 달 아래 강강술래
나무에는 탐스런 빨간 감들이 주렁주렁 열리고
들녘엔 황금물결이
바람에 넘실넘실 춤추는 모습에
허기진 배는 사라지고
언제나 풍요로운 계절

하얀 겨울의 눈꽃송이
울긋불긋 치솟은 작은 전구들
작은 나무엔 흰 수염의 산타
선물을 기다리는 하얀 버선들은 애를 태우고
창문을 열고 들어온 바람은
수많은 숫자들을 쓰다듬고 지나간다

벽에 걸린 거울

말없이 바라보는 내가 아닌 나
거실 한쪽에서
내가 지나갈 때만 나를 보여주고 있다
내가 서면 서 있는 대로
내가 움직이면 움직이는 대로
한 번도 거부하지 않고
훈련이 잘 된 로봇처럼 그대로 보여주고 있다

시간이 얼마나 지났을까
거울은 나를 잘 보여주지 않는다
가까이 다가가도 잘 보여주질 않는다

수심이 어둡다
나의 자만만을 믿고 옆을 보지 않아
거울이 나를 외면하고 있는 것이다

닦자
거울을 닦자
세정제도 뿌리면서 깨끗하게 닦아보자

나의 못된 자존심과 성격을 닦는다
나의 허황한 꿈도 닦아낸다
머릿속에 먼지처럼 쌓여 있는
필요치 않은 지식일랑은 버리자
눈감고 과감히 버리고 닦아내자

쌓여있던 먼지와 얼룩들이
하수구로 빨려 들어가니
환하게
나를 비추어 주는구나

고맙습니다

걸음마로 시작한 길
행여, 도랑으로 떨어질까 노심초사하며
샛길로 빠지지 않도록
곁에서 손잡아주시고
언덕을 오를 때면
주저앉지 말라고
언제나 앞장서서 이끌어주시고
거친 물살에 돌다리를 놓아주신
어머니
당신이 있기에 고맙습니다

더위를 피할 수 있게
그늘을 만들어주고
시원한 덧바람으로 감싸주면서
목마른 입술에 갈증을 해소시켜주며
계절 따라 갈아입는 옷과 향기로
숲속의 정취와 아름다움을 느낄 수 있고
풍족한 열매로 삶을 주는
자연
당신이 있기에 고맙습니다

소매 끝자락이 까만
코흘리개 일자무식을
무지에서 끌어내어
나쁜 일과 착한 일을 판단하게 하고
올바른 길로 갈 수 있게 인도하시며
어르신을 보면 공손히 인사하고
약한 자를 보면 감싸주라 하시며
늘, 곁에서 가르쳐주신
선생님
당신이 있기에 고맙습니다

쓸쓸한 객지 생활에서
마음의 외로움을 달래주며
휑한 가슴을 아름다움으로 채워주고
입가엔 언제나 고운 미소를 지으며
부드러운 몸짓으로 나를 매료시키고
언제나 배려해주는 맘으로
행복을 안겨주는
사랑
당신이 있기에 고맙습니다

폐선 1

파란 하늘이 내려와 앉은 바다에
저 멀리 만선의 깃발을 곧추 세우고
어기여차 에헤야 디여
흥겨운 파도소리에 맞추어
풍요로운 부둣가에
웃음이 번진 게 엊그제거늘
기나긴 여정을 밧줄에 묶어
*통갯목 물 끝자락에 이 한 몸을 누이니
선들바람은 뱃전을 두드리며
빛바랜 하얀 깃발만이 옛날을 부르네

큰 파도와 싸우며 인생을 담았던
청춘의 꿈과 역경을 백지에 남기며
이것저것 모두 잡아 *물칸에 가득 채웠건만
뻥 뚫린 갈빗대 사이로 모두 빠져나가고
빈 하늘만 들어와 노닐고 있구나

뚫린 가슴을 원망한들 무엇하랴
떠나간 사랑을 원망한들 무엇하랴
어차피 떠나는 삶인 걸
뻥 뚫린 갑판은
햇빛의 놀이터가 된 지 오래고
남은 갈빗대에서는
거미가 새 그물을 짜고 있다

* 통갯목 : 덕적도 진리 해변가의 지역 한 귀퉁이 이름
* 물칸 : 물고기를 살아있는 상태로 채우는 공간

폐선 2

살랑살랑
발끝에 와 닿은 숨결에
잠자고 있던 연분홍 물결이 찰랑대고
무거운 몸뚱이를 일으켜 세우지만
겨우 형체만 남아있는 몸
앙상한 몰골로 버티기가 쉽지 않아
마른 땀만 쏟아내고 추위에 떨고 있구나

물칸에 채워졌던 물고기는
그림자만이 남아서 유영을 즐기고
거미는 물고기를 잡으려고
이곳저곳 쉴 새 없이 그물을 치고 있다

아하!
생명이 없는 공간에도 삶은 존재하는구나
하나의 삶이 끝났다고 모든 게 끝난 게 아니구나
그 죽음 속에서도 생명은 존재하고
끝없는 먹이 사냥은 이어지고 있으니

그대에게 화해의 잔을

푸른 하늘 꽃구름을 머리에 이고
고개 숙인 들판을 가슴으로 안아
불어오는 가을 정취 한 잔에 취하고파
부서지는 햇살을 부여잡고
구부러지고 다듬어지지 않은 길에
가로막힌 나뭇가지를 치우고
조심스러운 발자국을 옮기면서
포근한 그대에게
화해의 잔을 건네어 드립니다

수없이 부딪히는 사연이 휘돌아
가슴에 흐르다 머물고 쌓여
잔솔가지에 맺힌 꽃 물방울
임의 고운 눈동자 속에 멈추어지면
마음의 빈 잔에 사연을 채워서
부드러운 미소를 담은 두 손으로
잠 못 드는 그대에게
화해의 잔을 건네어 드립니다

인생길

조용한 날
일상 속으로 달려가는 우리네 인생

여유는 다 어디로 갔는지
보이지 않고
또다시 바빠지는 발걸음이
빌딩 사이를 누비고
홍수처럼 쏟아져 나온
자동차의 물결에 뒤엉켜
보이지도 않는 욕심을 향하여
걸어가는 발걸음이 한없이 무겁기만 하다

얼마나 가야 할까
얼마나 긴 시간을 걸어야만 할까
얼마나 내 뱃속을 채워야만 수저를 놓고
산비탈에 따뜻한 햇볕을 받으며 편히 쉴 수 있을까

발목이 아프다
아마도, 너무 멀리 돌아서 온 것 같다

노각(老脚)

콜록콜록
속 기침이 튀어나와
둔덕이 하나씩 생길 때마다
부드러운 살결에 주름이 늘어
고운 향기는 세월을 부둥켜안고
눈물이 사라진 마른 바닥을
꿋꿋이 지키고 있다

풋내기들아
너희는 내가 없으면
이 세상에 존재하지 못하느니라

노을은 서산으로 기울고

하얗게
소리 없는 냉기가 감도는 안방 윗목
고운 비단옷으로 갈아입고
미움과 슬픔을 모두 버리고
당신은 편안한 모습으로
자리를 지키고 있네요

속울음을 삼키면서
까칠한 삼베옷을 입히는 손길이
바르르 떨리며 눈물과 함께
당신을 감쌉니다

속적삼에 저고리와 치마, 버선
두건에 토시로도 모자라
하얀 칠 건으로 꽁꽁 동여매어
당신을 숨겨둡니다

당신의 영정을 앞에 두고
병풍에 가로막혀 뜨거운 눈물만
한 움큼씩 쏟아내는 향초도
서러움에 울분을 토하고 있습니다

반 평도 되지 않는 목관에 누울 거면서
뭐가 그리 갖고 싶어 육신을 혹사시켰나요
갖고 갈 것도 아니면서
겨우 삼베 옷 한 벌 입고 떠날 거면서……

미안해요
죄송해요
이렇게밖에 할 수 없는 제 자신이 밉네요
한쪽 가슴이 도려 나가는 아픔이
이런 것인가 봅니다

천국에서 기도문이 울리고
당신은 떠나갈 채비를 하면서도
꽃가마에 쉽게 오르지 못하는 것은
아직도 남겨줄 사랑이 남아있는 것인지
한쪽 가슴이 아려옵니다

이젠 꽃상여에 누워
정들었던 집을 떠나는가요
자식의 통곡과 뜨거운 눈물
하직 인사를 받는 당신

보이는가요
뜨거운 눈물은 당신을 향해
끝없이 흐르는데
아마도 당신도 울고 있겠지요
한쪽 가슴이 뭉그러지는 이 아픔
당신도 느끼고 있겠지요

휘몰이 선장의 구슬픈 만가에
다시는 오지 못할 길을 따라나서고
상여꾼들의 향두가에
떠나기가 아쉬운지
자꾸만 멈추어서 뒤돌아보네요

당신이 머무를 자리엔
둥글레가 하얗게 꽃을 피워
당신을 맞이하고 있네요
이젠 둥굴레 꽃이
외로운 당신과 함께하려는가 보네요

저승 가는 노잣돈 조금
자식이 쓴 시집 한 권을 들고 가는 당신
흐느끼는 지축을 뒤로하고
홍천과 칠성판이 덮이고
횟가루가 범벅이 된 흙 한 줌에 입 맞추어
당신을 향해 뿌리니
참나무 위에서 까치가 우네요
서럽게
아주 서럽게 목메어 우네요

사랑합니다
비록 효도는 못해 드렸지만
당신을 사랑합니다
이젠
편안히 주무세요
어머니

겨울딸기

달콤하고 부드러운 너
언제나 따뜻한 너의 손길
사랑이라는 가슴을 품에 안고
외로움을 삭이며
몇 날의 계절을 건너
온몸이 꽁꽁 언 채
나를 기다렸구나

네 두 눈의 이슬은
사랑의 한이 되어
내 심장에 앉아서
뜨거운 눈물로
네 손등 위로 쏟아져 내리고

천정에 매달린 포도당은
너의 가냘픈 살갗을 뚫고
한 방울 두 방울
하루 이틀의 연명이
뚝뚝
떨어지는구나

많이 힘들고 추웠지
이젠
내가 네 옆에 누워서
너를 꼬옥 안아 줄게
내 품에서
외로움을 녹이렴

내 우산의 눈물

내 우산은 어디에 있을까
오늘처럼 내리는 빗줄기는
아픈 그녀의 가슴으로 무참히 떨어지기에
이 빗방울을 막아주어야 하는데
그 어디에도 그녀의 아픔을 달래줄 우산이 없다

아프다
한 걸음씩 발자국을 뗄 때마다
가슴으로 심장으로 쏟아지는 고통
한 움큼의 알약을 입 안 가득히 털어 넣고는
한쪽 눈을 질끈 감고서 물 한 모금 꿀꺽

아픔보다도 더 힘든 순간
아픔을 잊으려고 참는 순간의 고통
아픈 그녀를 위해 무엇도 해줄 수 없으니
그녀의 고통을 어느 한쪽도 달래줄 수 없으니
쏟아지는 빗줄기에 나를 묻고 싶다

비바람이 몰아치는 도로 한복판에서
살대가 꺾인 우산 하나가 뒹굴다가
내 앞에서 멈추어 눈물을 뚝뚝 흘린다

이 우산도 주인이 있었을 텐데
어이하여 처참한 몰골이 되어
주인에게 버림을 받았을꼬

살대가 꺾여 아픔으로 눈물범벅이 된
초췌한 우산을 옆에 끼고
그녀가 누워있는 무덤가로 향하는데
철벅, 철벅
발아래에서는 빗물이 속살을 파고든다

출근길

밀물처럼 쏟아진 도로 위 차량
거침없이 미끼를 물어 재끼고
이리저리 흔들어 바늘 털기로
이기심과 질투로 둘둘 감긴
삶의 조형물 속에 몸부림치면서
꼬리를 물며 끌려가고 있다

긴 숨 한번 내쉬려 입이 벌어져
꼬리를 놓쳐 공간이 생기니
어느 틈엔가
지나가던 미꾸라지 같은 녀석이
꼬리를 낚아채니
파도가 요란하다

제 녀석이 먹을 미끼가 아닌데
제 녀석이 있을 자리도 아닌데
깨끗하고 조용히 흐르는 냇물을
한순간에 흙탕물로 만들어 놓고
조금 더 빨리
조금 더 앞서서
삶의 종착역으로 가고 있다

하늘의 새들도

하늘을 나는 새들은
아무리 가까운 사이라도
절대
곁에 바싹 앉거나 바싹 뒤따르지 않는다

나뭇가지나 땅에 내려앉을 때도
자신의 날개를 펼 수 있을 만큼
또
아무리 급해도
앞을 볼 수 있을 만큼의 거리를 두고 앉는다

이렇듯
경계선이 없는
대자연을 자유로이 날아다니는 새들조차
언제나
타 종족에 대한
경계의 눈은 소홀히 하지 않는다

사랑은 파도처럼
― 노래 가사

눈 뜨면 속삭이는 너의 고운 목소리
파도 위에 밀려오는 수많은 사연
넘실대는 너울의 사랑을 타고
하얀 백사장에 우리의 꿈을 그리자
너와 나의 가슴에 고운 꿈을 그리자

너와 나의 푸른 꿈이 어우러지는
이 넓은 바다에 펼쳐지는 날
너와 나의 가슴에 펼쳐지는 날
세상은 아름다운 세상일 거야
우리의 세상은 아름다울 거야

힘차게 달려가는 우리의 사랑 앞엔
어느 누구의 눈치를 볼 필요는 없어
그냥 가슴이 바라는 대로 하면 되는 거야
그냥 서로를 안아주면 돼 그러면 되는 거야
우리 서로를 안아주면 돼 그러면 되는 거야

너와 나의 사랑이 어우러지는
이 넓은 세상에 펼쳐지는 날
너와 나의 가슴에 펼쳐지는 날
우리의 세상은 아름다울 거야
너와 나의 세상은 행복할 거야

첫 만남
― 노래 가사

오늘 처음 널 만난다는 약속을 하고
설레는 마음으로 미용실에 들러
곱게 화장하고 머리도 자르고
마지막으로 새끼가락 끝에는
예쁜 모양의 네일아트도 그려 넣었어

의상실에 들러 예쁜 옷들을 고르면서
귀엽게 입을까 섹시하게 입을까
거울 앞에 서서 포즈를 취하면서
행복에 젖어 생긋 웃는 내 모습을 보면서
널 만난다는 생각에 너무 행복해

두근두근하는 마음을 진정시키며
약속한 시간에 달려간 한적한 카페엔
조용한 음악이 가슴 위로 흐르고
창가 한쪽에는 날 기다리며
촉촉이 젖어있는 너의 고운 눈동자
그 안엔 널 사랑하는 내가 있어
그 안엔 행복해하는 내가 있어

날 혼자 내버려 두지 마
— 노래 가사

너 없는 카페의 음악은 내 작은 어깨 위로 흐르고
그리움의 찻잔 속에선 너의 향기로 가득한데
보고픈 마음으로 채워진 내 작은 가슴 속에서는
그리운 너의 모습이 아련히 지워지고 있기에
열정이 식어버린 커피처럼 내 손끝이 차가워지고
석양에 길 잃은 태양처럼 내 마음도 아파하고 있어

우수에 젖은 고운 눈망울 속엔 그리운 네가 있어
널 바라볼 때마다 내 마음은 콩닥콩닥 설레고
네 생각을 할 때마다 내 마음은 두근두근 행복한데
이렇게 널 좋아하는데 이렇게 널 사랑하는데
너는 왜 아직도 아무런 연락조차 없는 거니
이렇게 기다리고 있는데 이렇게 그리워하는데

고장 나 멈춰진 시계처럼 날 혼자 내버려 두지 마
기억이 멈춰진 추억으로 날 혼자 내버려 두지 마
난 네가 하루빨리 달려오길 손꼽아 기다리고 있어
그렇지만 너무 늦게 오지는 마
어쩌면 내가 널 잊을지도 몰라

보고 싶어
― 노래 가사

1
들리니 듣고 있니
널 부르는 내 목소릴 듣는 거니
이렇게 널 사랑하는 내가
이렇게 널 좋아하는 내가
애타게 널 부르는 소리를
넌 듣는 거니 듣고 있는 거니

두 귀를 쫑긋 세워봐
두 손을 귀에 대고 기울여봐
앞산의 꾀꼬리보다 예쁘고 고운
내 목소리가 들리잖니
애타게 널 부르는 소리가
그리운 내 목소리가 들리잖니

들어봐 상냥하고 부드러운 목소리로
널 부르는 내 목소리를
네 귓가에 다정스럽게 속삭이며
널 미치도록 사랑하는 내 목소리가
온 세상이 떠나가도록 외치며
널 부르는 내 목소가 들리잖아

2
보이니 보고 있니
널 위해 웃는 내 모습을 보고 있니
널 미치도록 사랑하는 나를
널 미치도록 보고 싶은 나를
네가 그리워 헤매는 나를
넌 보고 있니 보고 있는 거니

발끝을 세워 네 옆을 봐
널 사랑하는 내가 옆에 있잖아
널 좋아하는 내가 곁에 있잖아
너에게만 익숙해진 나이기에
너에게만 길들여진 나이기에
네 곁에서만 맴돌고 있잖아

보고 싶어 보고 싶어
사랑하는 네가 너무 보고 싶어
이 밤이 다 가기 전에
네 품에 안겨 잠들고 싶어
보고 싶어 보고 싶어 너무 보고 싶어
사랑하는 널 너무 보고 싶어

선택

산으로 가면
산사에서
도인을 만나 도를 닦을 것이요

강으로 가면
냇가에서
시인을 만나 시를 탐할 것이요

바다로 가면
해변에서
연인을 만나 사랑을 할 것입니다

인생

우리는
똑같은 길을 가면서도
서로
다른 곳을 바라보고 있다

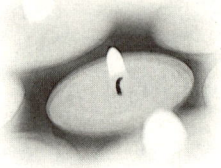

곱고 아름다운 모습 무지갯빛 향기로 젖은
공간을 가득 채워진 사랑의 빛이로다
하나의 별 하나의 사랑
가슴에 새겨진 영원한 사랑이어라